BEI GRIN MACHT SICH IHR WISSEN BEZAHLT

Merle Umnirski

Herman Nohl - Der Sinn der Strafe (1925): Überblick und Kommentar zum Text

GRIN Verlag

Bibliografische Information der Deutschen Nationalbibliothek:

Die Deutsche Bibliothek verzeichnet diese Publikation in der Deutschen National-
bibliografie; detaillierte bibliografische Daten sind im Internet über http://dnb.d-
nb.de/ abrufbar.

Impressum:

Copyright © 2007 GRIN Verlag GmbH
Druck und Bindung: Books on Demand GmbH, Norderstedt Germany
ISBN: 978-3-640-35306-4

Dieses Buch bei GRIN:

http://www.grin.com/de/e-book/128890/herman-nohl-der-sinn-der-strafe-1925-
ueberblick-und-kommentar-zum

GRIN - Your knowledge has value

Der GRIN Verlag publiziert seit 1998 wissenschaftliche Arbeiten von Studenten, Hochschullehrern und anderen Akademikern als eBook und gedrucktes Buch. Die Verlagswebsite www.grin.com ist die ideale Plattform zur Veröffentlichung von Hausarbeiten, Abschlussarbeiten, wissenschaftlichen Aufsätzen, Dissertationen und Fachbüchern.

Besuchen Sie uns im Internet:

http://www.grin.com/

http://www.facebook.com/grincom

http://www.twitter.com/grin_com

Thema: Herman Nohl - Der Sinn der Strafe (1925)

Herman Nohl (1879-1960) war ein deutscher Pädagoge und Philosoph. Er wurde in Berlin geboren und studierte dort als Schüler von Friedrich Paulsen und Wilhelm Dilthey Philosophie. 1920 wurde er Professor für Philosophie und Pädagogik in Göttingen. 1937 erhielt er Lehrverbot, ab 1945 unterrichtete er wieder bis an sein Lebensende an der Göttinger Universität. Nohl nahm die Lebensphilosophie Diltheys auf und stand der Jugendbewegung nahe. In Göttingen wurde er zum bedeutendsten Vertreter der Reformpädagogik in der Weimarer Republik.

Herman Nohl nahm in dem Werk „Pädagogik aus dreißig Jahren" (1949) Stellung zu dem Thema „Der Sinn der Strafe"(1925).

Die Strafe wird allgemein definiert, als ein Übel, das jemand einem anderen mit Absicht zugefügt hat, weil dieser eine missbilligte Handlung begangen hat. Der Sinn der Strafe besteht darin, die Wahrscheinlichkeit des Auftretens der unerwünschten Handlung herabzusetzen und das Verhalten eines Menschen zu ändern. Ein Motiv der Strafe kann aber auch Vergeltung sein.

Herman Nohls Text „Der Sinn der Strafe" gibt Aufschluss über die „pädagogische Menschenkunde" Nohls.

Textanalyse

Der zwölfseitige Text besteht aus einer Einleitung warum es die Strafe
überhaupt gibt und drei darauffolgenden Kapiteln, die sich mit folgenden
Themen beschäftigen: Warum gib es eine Strafvielfalt?, Der Sinn der Strafe
und Die Freiheitsstrafe.
Dieser Textanalyse füge ich meinen Kommentar, meine Stellungnahme, zu
diesem Text bei.

Warum gibt es die Strafe?

Die Einleitung befasst sich mit den Gründen warum die Strafe überhaupt
existiert.
Der alte Streit, ob der Mensch überhaupt erziehbar sei, ist für eine
pädagogische Theorie, die von der Erziehungswirklichkeit ausgeht,
gegenstandslos, denn auch die Bildsamkeit erweist sich als ein Faktum. Aber
es bleibt die Frage, in welcher Weise, unter welchen Voraussetzungen und
Umständen die Einwirkungen des Erziehers auf den Zögling eine bleibende
Wirkung haben. So versteht Herman Nohl das Problem der Bildsamkeit als
„die Frage nach dem, was am Menschen veränderlich ist und was nicht, und
wo der Ansatz für die Bildungsarbeit am Kinde gegeben ist".
So streiten sich die Gemüter, ob Strafe ein sinnvolles Mittel der Erziehung ist
oder nicht. Manche vertreten die Meinung, dass ohne Strafe keine
durchgreifende Erziehung möglich sei und andere möchten die Strafe am
liebsten ganz abschaffen. Es besteht die Schwierigkeit, dass bei Anwendung
von Strafe der Mensch, ein höheres Lebewesen, eine Bindung mit der Gewalt
eingehen muss, um sich in der Wirklichkeit beweisen zu können. Der
Mensch sinkt herab und der primitive Instinkt gewinnt überhand und „der
ganze Mensch straft und die Strafe trifft auch wieder den ganzen Menschen".
Nun geht Herman Nohl in der Einleitung darauf ein, den Sinn der Strafe zu
erklären, warum es überhaupt Strafe gibt. Dabei erläutert er zwei
verschiedene Theoriearten. Die erste Theorie der Strafe resultiert aus der

„sittlichen Rechtfertigung". Die Strafe besitzt hier den Zweck der „Abschreckung oder der Besserung oder der Unschädlichmachung". Nohl lehnt diese Theorie mit der Bezugnahme auf Hegel ab. Statt dessen bezieht sich Herman Nohl auf die Theorie von Plato, die von Kant und Hegel weitergeführt worden ist und erläutert ihren „absoluten Sinn der Strafe". In dieser Theorie stellt man sich die Strafe als ein mehrdimensionales Ganzes vor und das innerste dieses Ganzen bildet die Seele, die die objektive Gerechtigkeit ist (aber dies genügt für ihre wirkliche Bestimmtheit nicht aus). Die Strafe soll nun geisteswissenschaftlich verstanden werden, da sie die Gegensätze der Motive von Beginn der menschlichen Entwicklung an vorfindet, die alle Entwicklung nur reiner herausarbeitet, aber nicht überwindet. Die Strafe ist also wie das menschliche Leben auch mehrdimensional strukturiert. Der Sinn und die Aufgabe besteht nun darin die Struktur systematisch zu deuten und den Stellenwert, den Rang, der Strafe in diesem ganzen zu bestimmen.

Warum gibt es eine Strafvielfalt?

Das erste Unterkapitel beschäftigt sich mit den Grundlagen dieses geisteswissenschaftlichen Verständnisses der Strafvielfalt.

Diese Strafvielfalt beruht auf zwei grundlegenden Ansichten: Erstens auf dem vertikalen Aufbau des seelischen Lebens. Plato hat die einfachen Aufbaugesetze unserer Existenz geprüft, die den Prozess der Erziehung und Bildung verstehbar und das pädagogische Eingreifen steuerbar machen. Dabei ergibt sich als die erste Grundlage für alle pädagogische Einwirkung die Erkenntnis, dass das seelische Dasein des Menschen ein Strukturgefüge ist, das sich in Schichten aufbaut, und dass die Erziehung das Entwicklungsgesetz jeder Schicht und das Zusammenwirken der Schichten kennen muss, um sie richtig zu beeinflussen. Plato unterschied nun drei Schichten in der menschlichen Seele, die Triebschicht als Schicht der Begierden, die Schicht des Thymos, der spontanen Willensenergie, die relativ unabhängig von den Inhalten besteht, aber noch in der Sphäre des Vitalen bleibt, und die Schicht des Nus, der freien Geistigkeit. Nohl unterscheidet in der dritten Schicht noch zwischen den geistigen Grundrichtungen oder Interessen und der zentralen Icheinheit der Person, die formalen Charakter hat und die seelischen Kräfte steuert.

„Ein Verbrechen ist jede Verkehrung der Schichten, in der das niedere Leben das höhere vergewaltigt oder das höhere in den Dienst des niederen tritt".

Ein Mensch erhält für ein Verbrechen eine Strafe. Diese Strafe unterliegt vier Kriterien, die ihre Stärke bestimmen:

1. Ein Verbrechen kann viele Ursachen haben und wir berechnen die Schuld nach der Schicht aus der das Verbrechen stammt.
2. Das Verbrechen stammt aber nicht nur aus verschiedenen Schichten, sondern es kann auch verschiedene Schichten verletzen (wie die Ehre, Werte,...).
3. Die von Verbrechen verletzten Schichten reagieren verschieden. Einige reagieren mit Rache und andere mit Genugtuung.
4. Diese Reaktion trifft wiederum den Verbrecher und er reagiert mit Furcht oder Beschämung.

Der Sinn der Strafe

Die Strafe soll den Sinn haben, dass sich einerseits die Verletzten an dem Verbrecher „rächen" können und Genugtuung für ihren Schmerz haben und andererseits soll die Strafe auf den Verbrecher pädagogisch wirken indem er sich mit der Strafe abfindet und über sein Verbrechen nachdenkt.

Nohl erläutert in diesem Zusammenhang auch die geschichtliche Entwicklung der Strafe. Er stellt fest, dass um so moderner und „feiner" die Menschen um so „milder" wird der Strafvollzug. Man sieht ab von grausamen

Tötungsprozessen und dies ist in der immer höher entwickelten Kultur und im weiter entwickelten Verstand der Menschen begründet.

Herman Nohl begründet die verschiedenen Sinnarten der Strafe nicht nur mit dem Bild vom vertikalen Aufbau des seelischen Lebens, sondern auch mit einer zweiten Theorie. Diese Theorie beschäftigt sich mit der Strafbemessung. Dabei entspricht die Verteilung der Funktionen der Strafe der Verteilung der am Rechtsgeschehen beteiligten Faktoren. Das Rechtsgeschehen der Strafe ist sehr vielfältig:

Im Gegensatz zu früher hat sich im Rechtsgeschehen sehr viel verändert.. So trifft heute der Staat Prävention vor Verbrechen indem er Gesetze schafft, in denen Strafandrohungen verankert sind und die die Verbrecher auf die Folgen ihrer Tat hinweisen sollen. Wenn diese Abschreckung nichts genutzt hat, wird die Strafe von einem Richter festgesetzt. Heutzutage existiert kein persönlicher Racheakt mehr, sondern der Staat verurteilt die Verbrecher. Der Richter hat also die Funktion den Verbrecher objektiv nach seiner Tat zu verurteilen wie es das Gesetz verlangt.

Wenn die Strafe von dem Verbrecher angetreten wird, kommt dem Strafvollzugsbeamten die Rolle des Erziehers zu. Er soll dem Verbrecher seine Tat und die Schuld verständlich machen, das Verständnis des Gefangen für seine Strafe wecken, und ihm den Weg zurück in die Gemeinschaft ermöglichen: „ihr begrenztes pädagogisches Ziel ist der Mensch, der sich aus eigenem Willen der Rechtsordnung beugt und den Weg zurück in die Gemeinschaft findet".

Der Verbrecher muss sich jedoch auf diesen Prozess einlassen. Er muss die Strafe als ein „sittliches Erlebnis" aufnehmen. Dies bedeutet, dass er seine Schuld eingesehen hat, im Gefängnis Buße und Reue tun will, sich also selbst von der Gemeinschaft ausschließt um später wieder in sie zurückzukehren. Der Verbrecher, der sich seiner Strafe freiwillig stellt, nimmt den Freiheitsentzug auf sich um wieder mit sich und der Gesellschaft „ins Reine zu kommen", da er sein Verbrechen nicht mehr rückgängig machen kann. „Ziel: die Frage ist nicht, ob der empirische Verbrecher bestraft werden will, sondern der Wille zur Sühne ist das sittliche Apriori, das jede Strafe voraussetzt und das Ziel, in dem jede Straferziehung mündet".

Der Sinn der Strafe beruht aber nicht nur in „Erziehung" des Verbrechers, sondern die Gemeinschaft muss vor dem Verbrecher geschützt werden. Die Verbrecher werden zum Schutz der Gesellschaft eingesperrt um resozialisiert zu werden.

Die Freiheitsstrafe

Die Freiheitsstrafe „bestraft" den Verbrecher doppelt: Sie schließt ihn aus der Gemeinschaft aus und nimmt ihm die freie Selbstbestimmung, die er durch sein Verbrechen missbraucht hat.

Der Sinn der Freiheitsstrafe ist den Gefangenen zur Gemeinschaft zurückzuführen und ihm die Fähigkeit seiner Selbstbestimmung wiederzugeben.

Dies ist eine Form der Erziehung und nennt sich progressiver Strafvollzug.

Das bedeutet nicht, dass der Verbrecher seine Strafe nicht „absitzen" muss, sondern dass er aus seinen Fehlern lernt und seine Selbstbestimmung wiedererlangt. Ziel des Strafvollzugs ist: „... weil in diesem Menschen nicht ein Wille gebrochen werden muss, der meist gar nicht vorhanden ist, sondern ihnen positive Motive gegeben werden müssen, die ihren Willen inspirieren, und eine neue Bindung, in der solches zerfallene Dasein sich wieder sammelt und höherem Leben zugehörig weiß".

Mein Kommentar zu diesem Text

Ich persönlich stimme der Auffassung von Herman Nohl voll und ganz zu. Die Strafe soll meiner Meinung nach zwei Aufgabe haben: einerseits soll sie im Interesse der Gesellschaft Vergeltung eines geschehenen Unrechts bewirken und Schutz der Gesellschaft vor Übertretungen Einzelner garantieren und andererseits soll sie mit Rücksicht auf den Verbrecher ihn zeitweilig oder dauernd unschädlich machen, ihn also von einer Wiederholung seiner Handlung abschrecken, ihn gleichzeitig aber zur Sühne nötigen und, soweit dies gelingt, ihn zu bessern.

Ich lehne Meinungen von alternativen Erziehern ab, die ganz auf die Strafe verzichten wollen, da ich mir nicht vorstellen kann, dass eine Gesellschaft ohne Gesetze und Regeln zusammen leben kann. Diese Gesetze und Regeln müssen aber durch Strafandrohung geschützt werden, damit jeder Mensch ihren hohen Stellenwert erkennt und sie einhalten muss.

Die Strafe soll vor allem der Prävention vor Verbrechen dienen. Die Strafandrohung sollte so hoch sein, dass viele vor Angst vor Verbrechen zurückschrecken.

Aber wenn erst einmal ein Verbrechen geschehen ist, hat die Strafe für mich folgende Aufgaben, die Herman Nohl ebenfalls in seinem Text beschreibt:

1. Schutz der Gesellschaft
2. Sühne für begangenes Unrecht

   Dies bedeutet für mich, dass Sühne die Ausgleichshandlung des Schuldig gewordenen Menschen gegenüber der verletzten Gerechtigkeit ist. Die Sühne ist die freiwillige Unterwerfung unter die Objektivität der sittlichen Forderung und damit zugleich innere Befreiung des Schuldigen auf der Basis der Selbsterkenntnis.

3. Besserung des Verbrechers

   Hier meine ich, dass die Pädagogik gefragt ist. Die Strafe soll nicht nur dem Wohlverhalten in der Zukunft dienen, sondern der Verbrecher soll sich mit seiner Strafe und seinem Verbrechen auseinandersetzen. Es soll ihm, wie Herman Nohl es geschrieben hat „sittliche Läuterung" und „die Reue auslösende oder vertiefende

Wirkung der Strafe" einsetzen.

Einen sehr wichtigen Aspekt finde ich, dass der Verbrecher nach den Motiven seiner Tat bestraft wird. Das bedeutet, dass Verbrechen aus Habgier und Rachsucht stärker bestraft werden, als Verbrechen unter Alkoholeinfluss oder als Affekthandlungen. Ich finde es sehr wichtig, dass die Triebe, die Veranlassung, des Menschen Verbrechen zu begehen in die Strafbemessung miteinbezogen werden.

Kritisch bewerte ich jedoch die Ansicht Herman Nohls, dass sich viele Verbrecher freiwillig zu ihrer Strafe aus Selbsterkenntnis bekennen würden und „an sich arbeiten wollen". Ich fände es gut, wenn es so sein würde, aber ich glaube, dass Verbrecher ihre Freiheit auf keinen Fall verlieren wollen und deshalb so lange Schweigen, bis dass sie von der Polizei „aufgestöbert" werden.

Selbsterkenntnis ist der erste Schritt zur Besserung. Wenn sich die Verbrecher darauf einlassen sich mit ihrer Schuld zu befassen und über sich selbst nachzudenken, finde ich das sehr gut. Dabei können Psychologen oder andere geschulte Personen ihnen bei dieser schwierigen Aufgabe behilflich sein, immer vorausgesetzt, dass die Verbrecher es freiwillig wollen, da es sonst sowieso keinen Sinn hätte.

Sehr wichtig finde ich, dass Nohl den progressiven Strafvollzug anspricht. Die Verbrecher sollen nicht „weggesperrt" werden, sondern sie sollen durch pädagogische Maßnahmen zur Selbsterkenntnis gelangen und sich „bessern". Ihnen soll aber auf keinen Fall die Selbstbestimmung ganz genommen werden, sondern sie sollen aufgebaut und in sich bestärkt werden. Dieses ist sehr wichtig, da die meisten Verbrecher sowieso ein angeknackstes Selbstvertrauen haben. Sie sollen selbständig ihre Schuld einsehen um sich wirklich in Zukunft anders zu verhalten.

Bei ganz extremen Verbrechern, denen jegliche Einsicht und Verständnis fehlt, soll man den Strafvollzug verlängern, da sie eine Gefahr für die Gesellschaft darstellen. Dieser Strafvollzug soll aber nicht im Gefängnis ausgeübt werden, da dort ein Verbrecher keine Chance hat seine Probleme zu lösen, sondern dies sollte in einer psychiatrischen Klinik erfolgen, die sich mit solchen Härtefällen auskennt und vor allem dem Menschen besser helfen kann.